Colo

Unscramble the color words. Use the Word Box to help you. Then, circle the words in the puzzle. They may go across or down.

ergen _____   clkab _____

elub _____   prelup _____

wornb _____   lewloy _____

dre _____   theiw _____

grenao _____   kinp _____

Word Box

purple

white

pink

orange

brown

green

blue

black

red

yellow

R	O	R	A	N	G	E	Y
B	Q	G	R	E	E	N	E
L	T	P	R	W	R	B	L
A	W	H	I	T	E	L	L
C	P	I	N	K	D	U	O
K	P	U	R	P	L	E	W
V	Z	N	B	R	O	W	N

FS109041 • Word Searches

Giving Trees

Read the words below. These things all come from trees!
Circle these words in the puzzle. They may go across or
down.___

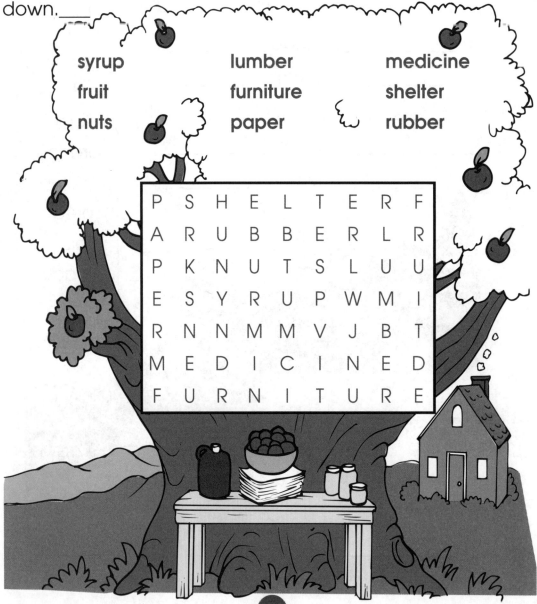

syrup   lumber   medicine

fruit   furniture   shelter

nuts   paper   rubber

P	S	H	E	L	T	E	R	F
A	R	U	B	B	E	R	L	R
P	K	N	U	T	S	L	U	U
E	S	Y	R	U	P	W	M	I
R	N	M	M	V	J	B	T	
M	E	D	I	C	I	N	E	D
F	U	R	N	I	T	U	R	E

For "Ph"un!

All of the words below have the **f** sound. The **f** sound may be spelled with **gh** or **ph**. Write the words from the Word Box in the spaces. Then, circle the words in the puzzle. They may go across or down.

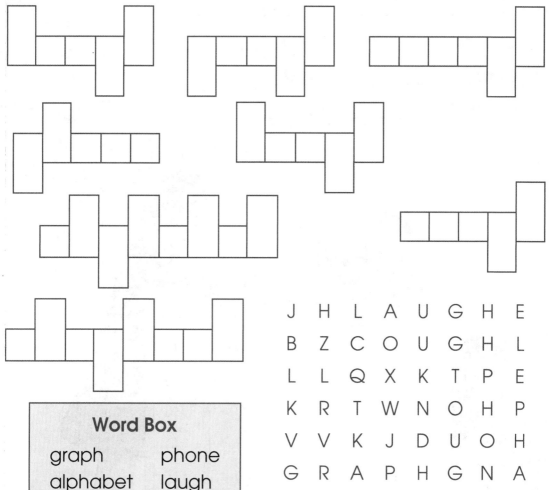

Word Box

graph	phone
alphabet	laugh
elephant	tough
cough	enough

J H L A U G H E
B Z C O U G H L
L L Q X K T P E
K R T W N O H P
V V K J D U O H
G R A P H G N A
E N O U G H E N
A L P H A B E T

Making Dinner

Unscramble the words from the Word Box. Then, circle the words in the puzzle. They may go across or down.

atc _____   ogd _____

albte _____   nos _____

othrem _____   lssag _____

dofo _____   lobw _____

uhose _____   ptela _____

Word Box

bowl

cat

dog

food

glass

house

mother

plate

son

table

M	O	T	H	E	R	B	S
H	L	A	R	C	N	O	O
O	R	B	G	A	T	W	N
U	P	L	A	T	E	L	D
S	O	E	F	O	O	D	O
E	G	L	A	S	S	X	G

FS109041 • Word Searches

Farm Babies

Write the name of each baby animal from the Word Box next to its mother. Then, circle the names of the babies in the puzzle. They may go across or down.

cow _____　　　duck _____　　　horse _____

sheep _____　　　pig _____　　　hen _____

cat _____　　　dog _____　　　goat _____

Word Box

calf　　　chick　　　duckling　　　foal　　　kid

kitten　　　lamb　　　piglet　　　puppy

```
P E G G P U P P Y O
I C H I C K N O M L
G D U C K L I N G A
L K I T T E N I K M
E C S C A L F M I B
T F O A L X N R D G
```

One Big Family

Draw a line from each family name to its matching picture. Then, circle the names in the puzzle. They may go across or down.

mother   father   grandpa   grandma

sister   brother   baby   puppy

```
G L S I S T E R
R Y T B P N X F
A G R A N D P A
N Q L B H B G T
D N T Y Z M Y H
M P U P P Y G E
A N M O T H E R
B R O T H E R X
```

FS109041 • Word Searches

What?

Read the tongue twister. Circle the **bold words** in the puzzle. They may go across, down, or diagonally.

How **much** wood **would** a woodchuck **chuck**
if a **woodchuck could** chuck **wood**?

```
W  X  P  M  U  C  H  W  N  P
J  O  C  D  W  Q  H  O  H  N
F  W  O  O  D  C  H  U  C  K
M  D  U  D  D  K  B  L  C  J
M  M  L  R  G  X  H  D  V  K
K  K  D  L  R  V  F  T  K  M
```

Just Do It!

Unscramble the verbs (action words). Use the Word Box to help you. Then, circle the words in the puzzle. They may go across, down, or diagonally.

glauh _____   **thosu** _____

danst _____   **klaw** _____

nikrd _____   **kolo** _____

slenti _____   blidu _____

Word Box

build
stand
look
walk
laugh
shout
drink
listen

D	F	Z	L	A	U	G	H
B	R	P	K	W	T	S	L
S	U	I	Q	F	H	T	I
K	H	I	N	M	L	A	S
T	V	O	L	K	O	N	T
K	V	L	U	D	O	D	E
W	A	L	K	T	K	N	N

Pen Pals

Read the letter. Circle the **bold words** in the puzzle. They may go across, down, or diagonally.

January 8

Dear Brandon,

    Happy New Year! We had such a fun **party**. We played **games**, made lots of **noise**, and decorated a **cake** to look like a **clock** at midnight. My parents even let my four-year-old sister stay up until 12:00. I wish you could have been here!

Your **friend**,
Matthew

P	A	R	T	Y	H	N	D
G	D	V	V	M	Z	O	M
Y	A	C	R	L	B	I	Y
L	I	M	L	N	X	S	E
C	A	K	E	O	E	E	A
W	D	X	K	S	C	W	R
F	R	I	E	N	D	K	M
H	A	P	P	Y	R	Q	Q

FS109041 • Word Searches

"C" Here!

All of the words below have the soft or hard **c** sound. Write the words from the Word Box in the spaces. Then, circle the words in the puzzle. They may go across, down, or diagonally.

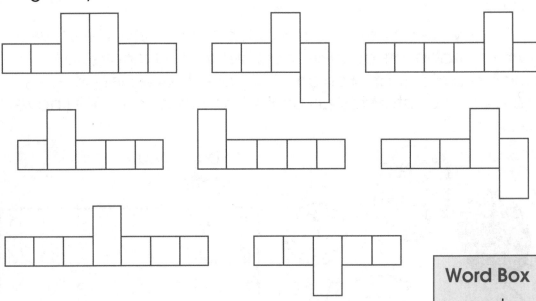

C E R T A I N E
C I M D T P X X
A L T M A G I C
N N O Y D N W I
D X H W Z C C T
Y K R M N P N E
C O T T O N N N

Word Box

magic

clown

candy

cotton

dance

city

certain

excite

Playtime

Unscramble the nouns (person, place, or thing). Use the Word Box to help you. Then, circle the words in the puzzle. They may go across, down, or diagonally.

odg _____   owfelrs _____

eert _____   cybciel _____

oyb _____   tac _____

esbuhs _____   tbsake _____

Word Box

cat
dog
bicycle
tree
flowers
basket
boy
bushes

```
F  B  U  S  H  E  S  O  M
L  X  I  L  E  P  K  G  R
O  Q  O  C  A  T  N  Q  S
W  U  B  O  Y  G  R  U  E
E  D  D  O  G  C  R  E  L
R  A  K  S  M  O  L  L  E
S  I  J  B  A  S  K  E  T
```

19

Tree-mendous!

Unscramble the names of each tree below. Use the Word Box to help you. Then, circle the tree names in the puzzle. They may go across, down, or diagonally.

pamel _____　　niep _____

irbhc _____　　lolhy _____

pyrsesc _____　　rinjpue _____

mapl _____　　iwllwo _____

Word Box
birch
cypress
holly
juniper
maple
palm
pine
willow

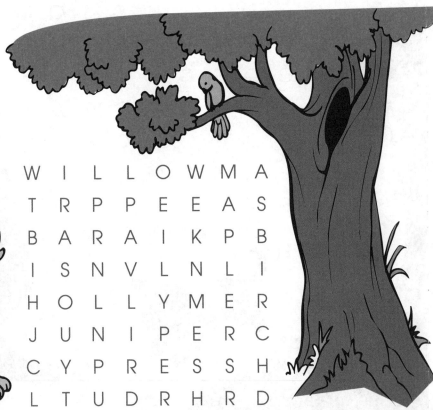

```
W  I  L  L  O  W  M  A
T  R  P  P  E  E  A  S
B  A  R  A  I  K  P  B
I  S  N  V  L  N  L  I
H  O  L  L  Y  M  E  R
J  U  N  I  P  E  R  C
C  Y  P  R  E  S  S  H
L  T  U  D  R  H  R  D
```

A Day on the Ranch

Draw a line to connect each word to its picture. Then, circle the words in the puzzle. They may go across, down, or diagonally.

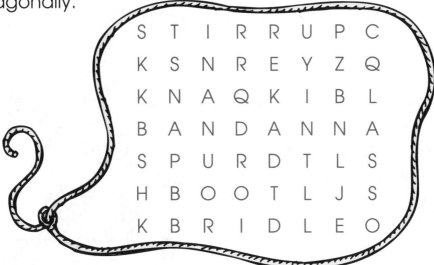

```
S  T  I  R  R  U  P  C
K  S  N  R  E  Y  Z  Q
K  N  A  Q  K  I  B  L
B  A  N  D  A  N  N  A
S  P  U  R  D  T  L  S
H  B  O  O  T  L  J  S
K  B  R  I  D  L  E  O
```

stirrup   saddle

bridle       reins

lasso       bandanna

spur      boot

21   FS109041 • Word Searches

Hummingbirds

Read the story. Circle the **bold words** in the puzzle. They may go across, down, or diagonally.

Hummingbirds

Birds are such **funny** things!
Some birds **whistle**. Some birds **sing**.
The **warbler** sings in its **throat**. The
sparrow sings only one **note**!
The hummingbird doesn't sing.
It begins its day **humming** and
doesn't stop!

X	W	A	R	B	L	E	R	B
T	H	H	U	M	M	I	N	G
H	I	N	B	F	U	N	N	Y
R	S	S	O	I	W	H	R	N
O	T	Q	I	T	R	H	C	F
A	L	R	Q	N	E	D	Z	R
T	E	X	C	Q	G	Y	S	N
C	S	P	A	R	R	O	W	X

It's a Party!

Unscramble the party items. Use the Word Box to help you. Circle the words in the puzzle. They may go across, down, or diagonally.

nololab _____   **nitapa** _____

eack _____   **cie amerc** _____

treesnp _____   **scimu** _____

skansc _____   **skrofreiw** _____

N P P B A L L O O N

S F I R E W O R K S

R N C N E B K K F M

M V A L A S L N M U

W J X C D T E K W S

R P N A K B A N Y I

Z Z H K W S T M T C

W I C E C R E A M C

Word Box

music

present

balloon

fireworks

pinata

cake

snacks

ice cream

My Treasure Map

Read the directions to find the hidden treasure. Circle the **bold words** in the puzzle. They may go across, down, or diagonally.

- Start at the **sandbox**.
- Take three steps **north** toward the **swings**.
- Turn **east** toward the **pond** and take five steps.
- Turn **southwest** toward the **bench** and take six steps.
- Look under the **picnic** table. The **treasure** is your lunch box!

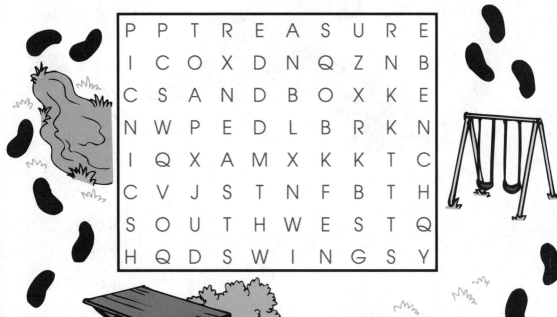

```
P P T R E A S U R E
I C O X D N Q Z N B
C S A N D B O X K E
N W P E D L B R K N
I Q X A M X K K T C
C V J S T N F B T H
S O U T H W E S T Q
H Q D S W I N G S Y
```

Quick Squares!

All of the words below have either the **qu** or **squ** sound. Write the words from the Word Box in the spaces. Then, circle the words in the puzzle. They may go across, down, or diagonally.

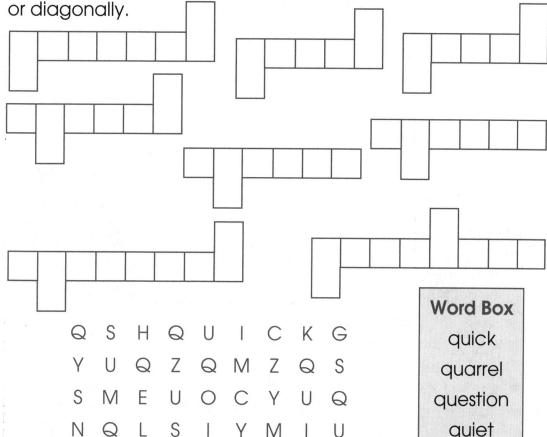

Word Box

quick

quarrel

question

quiet

squirrel

square

squirt

squirm

School Is Out!

Read each word from the Word Box. Then, circle the words in the puzzle. They may go down, across, or diagonally.

Word Box

school	car	flag	cat	baby
dog	father	daughter	mother	park

B	E	P	A	R	K	D	S	B	F
A	T	X	L	D	C	A	R	F	A
B	S	C	H	O	O	L	E	L	T
Y	R	M	A	M	Z	G	T	A	H
Q	O	M	O	T	H	E	R	G	E
U	D	A	U	G	H	T	E	R	R

Bug Talk

Read the names of the bugs from the Word Box. Draw a picture of your favorite bug on one of the flowers below. Then, circle the bug names in the puzzle. They may go across, down, or diagonally.

Word Box

firefly

beetle

mosquito

wasp

cricket

ladybug

termite

moth

G	M	W	A	S	P	C	B	L
H	T	O	D	T	T	E	E	A
M	R	E	S	P	I	S	E	D
L	O	A	R	Q	R	X	T	Y
T	B	T	Z	M	U	W	L	B
K	W	Z	H	V	I	I	E	U
C	R	I	C	K	E	T	T	G
F	I	R	E	F	L	Y	E	O

27

Tide Pool

Draw a line from each word to its picture. Then, circle the **bold words** in the puzzle. They may go across, down, or diagonally.

seaweed	**clam**	**crab**	**shell**
starfish	**pebbles**	sand **dollar**	**coral**

```
P  G  L  S  H  E  L  L  E
S  E  A  W  E  E  D  M  C
V  K  B  M  C  D  C  N  K
M  C  N  B  M  L  R  C  F
F  I  D  O  L  L  A  R  N
C  O  R  A  L  E  B  M  R
S  T  A  R  F  I  S  H  S
```

28

Worms

Read the poem. Circle the **bold words** in the puzzle. They may go across, down, or backward.

Worms

From the **tree** I **picked** a **peach**.
"A **worm** I see!" I said with a **screech**.
I am in **shock**. I am so **blue**.
Worms I see! Not **one**, but **two**!

—Marsha Elyn Wright

D	K	C	O	H	S	Z	N
E	M	R	P	M	R	O	W
K	T	X	O	B	L	U	E
C	W	U	N	F	R	O	M
I	O	R	E	T	R	E	E
P	H	C	A	E	P	T	J
M	S	C	R	E	E	C	H

FS109041 • Word Searches

Sleep Well!

Unscramble the bedtime words. Use the Word Box to help you. Then circle the words in the puzzle. They may go across, down, or backward.

onom _____

trass _____

moodreb _____

kobo _____

liwlop _____

klatebn _____

dydet _____

sisk _____

Word Box
teddy
bedroom
stars
kiss
moon
book
blanket
pillow

```
B  L  A  N  K  E  T
E  W  O  L  L  I  P
D  K  K  O  O  B  Q
R  M  S  R  A  T  S
O  O  Y  W  Q  T  R
O  O  T  E  D  D  Y
M  N  K  I  S  S  Q
```

Nate the Great

Read the book report. Circle the **bold words** in the puzzle.
They may go across, down, or backward.

Nate the **Great** and the **Sticky** Case
by Marjorie Weinman Sharmat

This book is one of many stories about a young
detective named Nate. He solves neighborhood
mysteries with the help of his dog. In this **case**, Nate
must find a missing **stamp**. He pieces together all of the
clues and eats some **pancakes**. Nate amazes his friends
by once again cracking the case.

```
E  V  I  T  C  E  T  E  D  S
M  L  C  L  U  E  S  N  T  T
M  G  R  E  A  T  V  X  C  I
R  B  P  M  A  T  S  H  A  C
M  Y  S  T  E  R  I  E  S  K
P  A  N  C  A  K  E  S  E  Y
```

Straight "A"s

All of the words below have the long **a** sound, but it is spelled differently each time. Write the words from the Word Box in the spaces. Then, circle the words in the puzzle. They may go across, down, or backward.

```
G L O G A M E G
R F B G F K N R
E R E P A P Z A
A R Y M A I D Y
T M E B Y A M E
W E I G H V P N
```

Word Box

weigh
game
obey
maid
maybe
gray
paper
great

Schooltime

Unscramble the school words. Use the Word Box to help you. Then, circle the words in the puzzle. They may go across, down, or backward.

okob _____

locsoh _____

tesndut _____

rciha _____

kdes _____

clhak _____

enlar _____

orbad _____

Word Box

board

book

chair

chalk

desk

learn

school

student

```
S  T  U  D  E  N  T  T
C  H  A  I  R  D  L  B
H  G  S  R  A  E  E  O
O  T  N  Q  U  S  A  A
O  C  H  A  L  K  R  R
L  S  K  O  O  B  N  D
```

FS109041 • Word Searches

Animal Fun

Read the names of the animals from the Word Box. Draw your favorite animal drinking water. Then, circle the animal names in the puzzle. They may go across, down, or backward.

Word Box

porcupine	pig	squirrel	sheep
rabbit	fox	wolf	deer

```
S Q U I R R E L T
P O R C U P I N E
G H A D I F Q U S
O K B F L O W D Q
O C B L J X E E U
V G I P S H E E P
B O T D R M O R S
```

Shapes Are Everywhere

Draw a line to connect each shape with its name. Then, circle the words in the puzzle. They may go across, down, or backward.

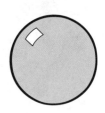

sphere

cone

cube

pyramid

diamond

crescent

T	N	E	C	S	E	R	C
C	M	W	G	X	N	N	U
O	H	K	M	Z	J	Z	B
N	S	P	H	E	R	E	E
E	P	Y	R	A	M	I	D
D	N	O	M	A	I	D	F

Hurry!

Read the tongue twister. Circle the **bold words** in the puzzle.
They may go across, down, or backward.

Five frantic frogs fled from fifty fierce fishes.

```
Q  F  L  E  D  R  F  Y
Y  T  F  I  F  F  R  F
S  G  O  R  F  I  A  I
C  W  F  I  V  E  N  S
P  K  R  K  M  R  T  H
J  Y  O  Z  K  C  I  E
H  L  M  T  P  E  C  S
```

Wacky Weather

Unscramble the weather words. Use the Word Box to help you. Then, circle the words in the puzzle. They may be going across, down, or backward.

nynus _____　　　　ducloy _____

mostry _____　　　　inayr _____

gogyf _____　　　　dinyw _____

wosny _____　　　　zeyerb _____

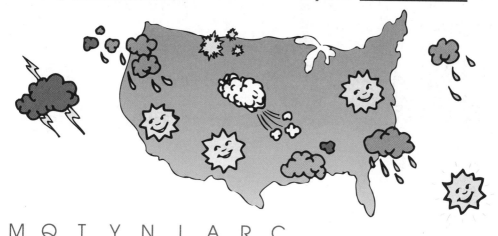

M Q T Y N I A R C

B S U N N Y J K L

R T Q S N O W Y O

E O W I N D Y Y U

E R C B K J F T D

Z M J N Z F B M Y

Y Y P C Y G G O F

Word Box	
windy	foggy
cloudy	stormy
sunny	snowy
breezy	rainy

FS109041 • Word Searches

Pen Pals

Read the letter. Circle the **bold words** in the puzzle. They may go across, down, or backward.

April 15

Dear Matthew,

Can you believe that our **families** will be meeting at the camp**grounds** next month? I remember how much fun we had last year. It was **hysterical** when our dads fell in the **lake**. They were trying to **catch** that **bigmouth bass**! Are you bringing your **fishing** pole again? I am. See you soon!

Your **friend**,
Brandon

```
H  Y  S  T  E  R  I  C  A  L
L  J  B  I  G  M  O  U  T  H
A  Z  A  S  D  N  U  O  R  G
K  P  S  Z  J  H  C  T  A  C
E  Z  S  L  D  Q  Y  G  H  T
F  A  M  I  L  I  E  S  A  F
K  F  I  S  H  I  N  G  L  M
R  F  R  I  E  N  D  N  P  H
```

FS109041 • Word Searches

"G" Whiz!

All of the words below have either the soft or hard **g** sound. Write the words from the Word Box in the spaces. Then, circle the words in the puzzle. They may go across, down, or backward.

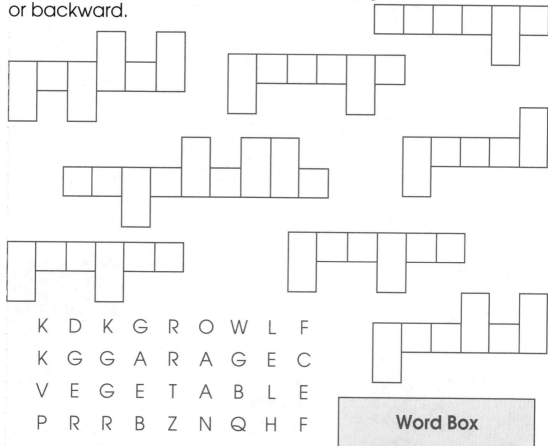

```
K  D  K  G  R  O  W  L  F
K  G  G  A  R  A  G  E  C
V  E  G  E  T  A  B  L  E
P  R  R  B  Z  N  Q  H  F
R  B  A  H  Y  X  B  N  X
F  I  P  G  I  N  G  E  R
F  L  E  T  E  L  G  I  P
P  W  S  E  G  A  N  A  M
```

Word Box

grapes	piglet
growl	garage
vegetable	gerbil
manage	ginger

39

Animal Playtime

Read the verbs (action words) in the Word Box. Draw an animal at play. Then, circle the verbs in the puzzle. They may go across, down, or backward.

Word Box			
leap	running	chasing	hide
ran	jumped	stand	rolling

```
S  D  N  A  T  S  J  R  M
H  L  E  W  B  O  U  U  O
I  J  U  M  P  E  D  N  J
D  X  H  O  Z  L  M  N  G
E  T  P  A  E  L  L  I  R
C  H  A  S  I  N  G  N  A
Y  R  O  L  L  I  N  G  N
```

Around Town

Draw a line to connect each word to its picture. Then, circle the words in the puzzle. They may go across, down, or backward.

firehouse   **theater**

church   **hospital**

school   **police station**

library   **post office**

```
F  I  R  E  H  O  U  S  E  A
P  C  T  N  O  I  T  A  T  S
O  H  L  I  B  R  A  R  Y  A
L  U  H  O  S  P  I  T  A  L
I  R  F  L  O  O  H  C  S  D
C  C  T  H  E  A  T  E  R  R
E  H  E  S  T  A  U  R  A  N
P  O  S  T  O  F  F  I  C  E
```

    41   FS109041 • Word Searches

A Day at the Zoo

Draw a line to connect each animal with its name. Then, circle the names hidden in the puzzle. They may go across, down, or backward.

tiger

zebra

lion

panda

giraffe

koala

kangaroo

monkey

```
Y E K N O M T R G
L R Z X Z L T D I
L F E K O A L A R
I F B T R M M X A
O O R A G N A K F
N P A P A N D A F
X L Q T I G E R E
```

FS109041 • Word Searches

A Dragon Train

Read the story. Circle the **bold words** in the puzzle. They may go across, down, diagonally, or backward.

The night **train roars** through the dark like a **dragon**. The swaying engine sends up a **spark** from the track. The engine's headlight is like a **yellow** eye peering through the **night**. The **Earth** seems to shake as the dragon train **rushes** by.

R	X	N	I	G	H	T	Y
O	T	E	Q	M	J	N	E
A	D	R	A	G	O	N	L
R	V	N	A	R	R	N	L
S	N	X	V	I	T	R	O
K	R	A	P	S	N	H	W
N	P	S	E	H	S	U	R

Music to My Ears!

Unscramble the names of the instruments. Use the Word Box to help you. Then, circle the words in the puzzle. They may go across, down, diagonally, or backward.

nilivo _____

legub _____

murd _____

traigu _____

pruttem _____

taub _____

groan _____

opain _____

Word Box

guitar

tuba

drum

organ

violin

piano

bugle

trumpet

```
R  A  T  I  U  G  P  T
V  I  O  L  I  N  I  R
L  O  B  T  U  B  A  U
J  D  R  U  X  L  N  M
N  R  R  G  G  F  O  P
K  U  C  Z  A  L  M  E
H  M  K  V  X  N  E  T
```

44

Do You Eat Plants?

Did you know that every vegetable listed below is part of a plant? Circle the vegetables listed in the puzzle. They may go across, down, diagonally, or backward.

Roots

potato

carrot

onion

Stems

celery

broccoli

Leaves

lettuce

spinach

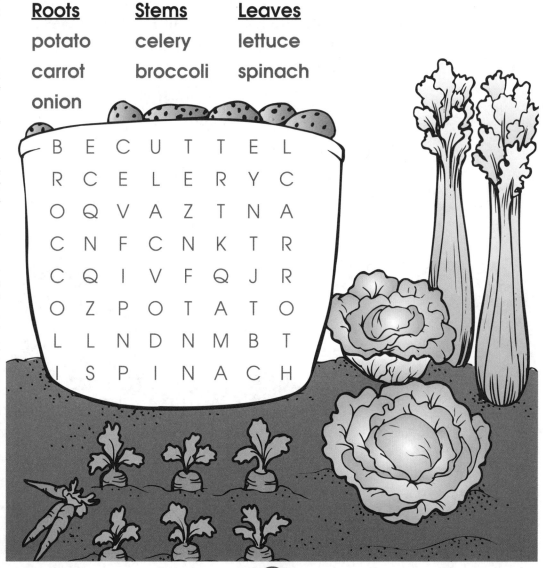

```
B E C U T T E L
R C E L E R Y C
O Q V A Z T N A
C N F C N K T R
C Q I V F Q J R
O Z P O T A T O
L L N D N M B T
I S P I N A C H
```

45

Off to Hawaii

Read the letter. Then, circle the **bold words** in the puzzle.
They may go across, down, diagonally, or backward.

Dear Ben,

   My **family** is in **Hawaii**. What a beautiful **island**! I wear
flowers around my neck. We see **mountains**, **oceans**,
and **palm** trees. See you soon.

                     Your **friend**,
                     Tyler

```
M S L Y L I M A F
U R W T P M O T I
M O U N T A I N S
H A W A I I L G L
F L O W E R S M A
L R S N A E C O N
O M G F R I E N D
```

Sh!

Read the words in the Word Box. They all have the **sh** sound. Write the words from the Word Box in the spaces. Then, circle all of the words in the puzzle. They may go across, down, diagonally, or backward.

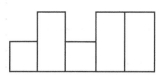 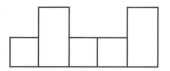 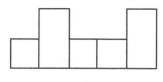

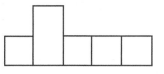 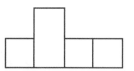 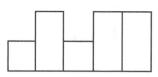

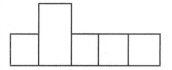 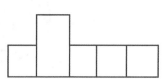

S	M	S	H	I	F	T	B	A
S	H	E	L	F	Q	W	R	T
H	H	E	O	H	S	E	O	Z
O	O	I	E	S	H	A	R	E
R	D	M	N	T	R	I	H	S
E	R	X	G	E	P	M	O	C

Word Box

shoe

share

shine

sheet

shore

shift

shirt

shelf

FS109041 • Word Searches

Space Case

Unscramble the planet and dwarf planet names. Then, circle the names of the planets in the puzzle. They may go across, down, diagonally, or backward.

IPtuo _____   tahEr _____

rnUasu _____   arSutn _____

esnVu _____   uipJtre _____

euMrrcy _____   asrM _____

uentNpe _____

```
V   J   U   P   I   T   E   R   I
N   E   U   S   R   A   M   T   H
E   E   N   R   P   L   U   T   O
P   A   A   U   A   S   A   R   I
T   R   N   G   S   N   A   Q   O
U   T   M   E   R   C   U   R   Y
N   H   U   N   C   W   T   S   R
E   N   R   U   T   A   S   T   Y
```

    48

The Great Rain Forest

The picture shows the rain forest and some of the animals that live there. Find the eight words in the puzzle. They may go across, down, diagonally, or backward.

```
Y  J  C  A  N  O  P  Y
F  C  A  V  C  Q  U  B
G  F  I  G  U  A  N  A
O  M  O  G  U  W  D  B
E  T  V  R  H  A  E  N
G  O  R  F  E  E  R  T
T  T  B  J  Q  S  S  M
N  N  A  C  U  O  T  Q
T  J  L  P  N  X  O  K
S  K  W  J  I  Z  R  Z
H  K  T  Q  J  R  Y  T
```

canopy   toucan

understory   jaguar

forest   iguana

tapir   tree frog

FS109041 • Word Searches

Fabulous Friends

Friends are the greatest! The words below describe a good friend. Circle them in the puzzle. They may go across, down, diagonally, or backward.

smart	funny	gentle	nice
helpful	honest	polite	kind

```
H  G  S  H  W  Q  J  P
K  O  E  L  P  C  N  O
M  I  N  N  Z  R  I  L
R  J  N  E  T  N  C  I
V  M  T  D  S  L  E  T
F  U  N  N  Y  T  E  E
L  U  F  P  L  E  H  F
K  S  M  A  R  T  R  K
```

Money Mania

Draw a line to connect each word with a ★ to its picture.
Then, circle the words in the puzzle. They may go across,
down, or backward.

```
F   K   C   P   E   N   N   Y
P   F   H   O   C   R   H   N
Q   U   A   R   T   E   R   I
Y   E   N   O   M   V   D   C
I   A   G   J   N   C   I   K
B   C   E   N   T   S   M   E
R   A   L   L   O   D   E   L
```

money   change   cents   ★ dollar

★ penny   ★ nickel   ★ dime   ★ quarter

        FS109041 • Word Searches

I Did It!

You did it! You have completed this book of word search puzzles! Now, circle the expressions below that say how you should feel. There will be no spaces between the words. They may go across, down, diagonally, or backward.

Hurray

What fun

I'm proud

So cool

I feel great

I'm smart

```
I  F  E  E  L  G  R  E  A  T
S  M  R  T  R  A  M  S  M  I
O  J  P  W  H  A  T  F  U  N
C  F  C  R  F  R  T  M  W  N
O  N  C  F  O  L  R  V  L  V
O  D  N  M  H  U  R  R  A  Y
L  N  L  M  L  C  D  N  J  Z
```

Y

M

D

L

E

N

I

Page 2

Page 8

Page 3

Y R E P F R E I
N A X R K E S S
L N C I Y C L
M I I S Y C A A P
F M T O R U U P N
M A M N L E E E D
E L M E R N S G
K S D R A G O N

Page 9

Page 14

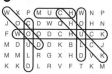

Page 4

N M N H C T M F
S P Z C H I M E
H M S H A R P C
A R M L I V P C
D C H E R R Y H
O C S H I N E I
W B C G J V T M
P X B S H O E P

Page 10

Page 15

Page 5

A T S B L O G T
M G O O D B Y E
B I G Y G S S W
O R X R A C U A
O L U N C H M L
K A K C B O A K
L M D E O O L G
P A P E R L D S

Page 11

J H L A U G H E
B Z C O U G H L
L L Q X K T P E
K R T W N O H P
V V K J D U O H
G R A P H G N A
E N O U G H E N
A L P H A B E T

Page 16

Page 6 cakes

P A S T R I E S
I B A G E L S C
E M U F F I N S
S T R U D E L A
B R E A D K E S

Page 12

M O T H E R B S
H L A R C N O O
O R B G A T W N
U P L A T E L D
S O E F O O D O
E G L A S S X G

Page 18

Page 7

T T E H E A D K
N A L N E C K H
F N B N R H R E
K K O K N E E E
Y L L W A I S T
Z E L D T Q F

Page 13

P E G G P U P P Y O
I C H I C K N O M L
G D U C K L I N G A
L K I T T E N I K M
E C S C A L F M I B
T F O A L X N R D G

Page 19

Page 20

```
W I L L O W M A
T R P P E E A S
B A R A I K P B
I S N V L N L I
H O L L Y M E R
J U N I P E R C
C Y P R E S S H
L T U D R H R D
```

Page 21

```
S T I R R U P C
K S N R E Y Z Q
K N A Q K I B L
B A N D A N N A
S P U R D T L S
H B O O T L J S
K B R I D L E O
```

Page 22

```
X W A R B L E R B
T H H U M M I N G
H I I N F U N N Y
R S S O I W H R N
O T Q I T R H C F
A L R Q N E D Z R
T E X C Q G Y S N
C S P A R R O W X
```

Page 23

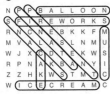

```
N P P B A L L O O N
S F I R E W O R K S
R N C N E B K K F M
M V A L A S L N M U
W J X C D T E K W S
R P N A K B A N Y I
Z Z H K W S T M T C
W I C E C R E A M C
```

Page 24

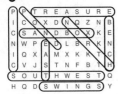

```
P P T R E A S U R E
I C O X D N Q Z N B
C S A N D B O X K E
N W P E D L B R K I
I Q X A M X K K T C
C V J S T N F B T H
S O U T H W E S T Q
H Q D S W I N G S Y
```

Page 25

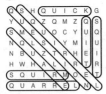

```
Q S H Q U I C K G
Y U Q Z Q M Z Q S
S M E U O C Y U Q
N Q L S I Y M I E
N B U Z T R H E I
H W H A L L R E T
S Q U I R M O E T
Q U A R R E L N L
```

Page 26

```
B E P A R K D S B F
A T X L D C A R P A
B S C H O O L E L T
Y R M A M Z G T A H
Q O M O T H E R G E
U D A U G H T E R C
```

Page 27

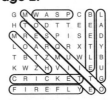

```
G M W A S P C B L
H T O D T T E E A
M R E S P I S E D
L O A R Q R X T Y
T B T Z M U W L B
K W Z H V I I E I
C R I C K E T T G
F I R E F L Y E O
```

Page 28

```
P G L S H E L L E
S E A W E E D M C
V K B M C D C N K
M C N B M L R C F
F I D O L L A R N
C O R A L E B M
S T A R F I S H S
```

Page 29

```
D K C O H S Z N
E M R P M R O W
K T X O B L U E
C W U N F R O M
I O R E T R E E
P H C A E P T J
M S C R E E C H
```

Page 30

```
B L A N K E T
E W O L L I P
D K K O O B Q
R M S R A T S
O O Y W Q T R
O O T E D D Y
M N K I S S Q
```

Page 31

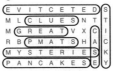

```
E V I T C E T E D S
M L C L U E S N T T
M G R E A T V X C I
R B P M A T S H A C
M Y S T E R I E S K
P A N C A K E S E Y
```

Page 32

```
G L O G A M E G
R F B G F K N R
E R E P A P Z A
A R Y M A I D Y
T M E B Y A M E
W E I G H V P N
```

Page 33

```
S T U D E N T T
C H A I R D L E
H G S R A E E O
O T N Q U S A R
O C H A L K R D
L S K O O B N D
```

Page 34

```
S Q U I R R E L T
P O R C U P I N E
G H A D I F Q U S
O K B F L O W D Q
O C B L J X E E U
V G I P S H E E P
B O T D R M O R S
```

Page 35

```
T N E C S E R C
C M W G X N N U
O H K M Z J Z B
N S P H E R E A
E P Y R A M I D
D N O M A I D F
```

Page 36

```
Q F L E D R F Y
Y T F I F F R A F
S G O R F I A I
C W F I V E R T S
P K R K M R T H
J Y O Z K C I E
H L M T P E C S
```

Page 37

```
M Q T Y N I A R C
B S U N N Y J K L
R T Q S N O W Y O
E O W I N D Y Y U
E R C B K J F T
Z M J N Z F B M V
Y P C Y G G O F
```

Page 38

```
H Y S T E R I C A L
L J   B I G M O U T H
A Z A   S D N U O R G
K P S Z J   H C T A C
E Z S L D Q Y G H T
  F A M I L I E S A F
K   F I S H I N G L M
R   F R I E N D   N P H
```

Page 39

```
K D K   G R O W L   F
K G G A R A G E   C
V E   G E T A B L E
P R R B Z N Q H F
R B A H Y X B N X
F I P   G I N G E R
F L E   T E L G I P
P W S E G A N A M
```

Page 40

```
S   D N A T S   J   R M
H L E W B O U   U   O
I   J U M P E D   N   J
D X H O Z L M   N   G
E   T   P A E L   L I   R
C H A S I N G   N   A
Y   R O L L I N G   N
```

Page 41

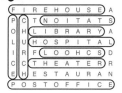

```
  F I R E H O U S E   A
P C   T   N O I T A T S
O H U   L I B R A R Y   A
L U U   H O S P I T A L
I R F   L O O H C S   D
C C   T H E A T E R   R
E H E S T A U R A N
P O S T O F F I C E
```

Page 42

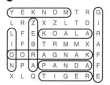

```
  Y E K N O M   T R G
L R Z X Z L T D I
L F E   K O A L A   R
I F B T R M M X A
O O R A G N A K   F
N P A   P A N D A   F
X L Q   T I G E R   E
```

Page 43

```
R X   N I G H T   Y
O   T E Q M J N E   Y
A   D R A G O N   L
R V N A R R N L
S N X V T R O
  K R A P S   N H W
N P   S E H S U R
```

Page 44

```
  R A T I U G   P   T
  V I O L I N   I   R
L   O B   T U B A   U
J   D R U X L N   M
N   R R G G F O   P
K U   C Z A L M   E
H   M K V X N E   T
```

Page 45

```
B   E C U T T E L
R   C E L E R Y   C
O Q V A Z T N A
C N F C N K T R
C G I V F Q J   R
O Z   P O T A T O
L L N D N M B T
I   S P I N A C H
```

Page 46

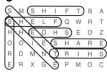

```
M S L   Y L I M A F
U R W T   P M O T   I
  M O U N T A I N S
  H A W A I I   L G L
  F L O W E R S   M A
L R   S N A E C O   N
O M G   F R I E N D
```

Page 47

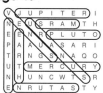

```
  S M   S H I F T   B A
  S H E L F Q W R T
H H E O H S E O Z
O O I E   S H A R E
R D M N   T R I H S
E R X G E P M O C
```

Page 48

```
V   J U P I T E R   I
N E U   S R A M   T H
E   N R   P L U T O
P A A U A S A R I
T R N G S N A Q O
U T   M E R C U R Y
N H U N C W T   S R
E   N R U T A S   T Y
```

Page 49

```
Y   J   C A N O P Y
F C A V C Q U   B
G   F   I G U A N A
O M O G U W D B
E T V R H A E N
  G O R F E E R   T
T T B J Q S S   M
N   N A C U O T   Q
T J L P N X O K
S K W J I Z R Z
H K T Q J R Y   Y
```

Page 50

```
H G   S H W Q J   P
K   O E L P C N   O
M I N N Z R I   L
R J N E T N C I
V M T D S L E   T
F U N N Y T E E
  L U F P L E H   H
K   S M A R T   R K
```

Page 51

```
F K   C   P E N N Y
P F H O C R H   N
  Q U A R T E R   I
Y E N O M V D   C
I A G J N C I   K
B   C E N T S   M E
R A L L O D E   L
```

Page 52

```
I   F E E L G R E A T
S M R   T R A M S   I
O J P   W H A T F U N
C F C R F R T M W N
O N C F O L R V L V
O D N M   H U R R A Y
L N L M L C D N J Z
```

FS109041 • Word Searches

---

is a
word search wonder!

_____
signature

_____
date

FS109041 • Word Searches